ossa», nom medieval de la Vila Vella, impressionant obra arquitectònica projectada durant el segle X. (Desconegut-AMAT).

Selecció de fotografies:
JOSEP-SALVADOR CULLELL I CODINA, VICENÇ ESTEBAN I DARDER

Textos:
M. PILAR SOLER I GORDILS

Fotografies cedides per:
ARXIU MUNICIPAL AJUNTAMENT DE TOSSA (AMAT), JOSEP NADAL I CORBALAN,
JOAQUIM SOLER I PÉREZ

Disseny de la col·lecció
RICARD BADIA & ASSOCIATS

Carrer de Viladomat 135, 4t 2a
Barcelona 08015 Tel. 426 19 95

Fotocomposició i fotomecànica:
ALEMANY, S.C.C.L.

ISBN: 84-89553-74-2
Dipòsit Legal: B-13.112-1997

COL·LECCIÓ
IMATGES I RECORDS

Tossa de Mar

VIENA COLUMNA

Pròleg

Tossa de Mar és una població coneguda arreu per la seva personalitat dins la zona que, com a Costa Brava, ha assentat sòlides arrels de prestigi indiscutible en el nostre país i a la resta del món.

Tossa manté encara, amb més relleu si és possible, els mites forjats en el temps per artistes i pensadors que enaltiren, en encertades referències, la nostra vila.

El «Tossa, Paradís Blau», «Tossa, Flor de Mar» o més encara «Tossa, Babel de les Arts»... Tossa fou, és i serà sempre la Tossa vilatana, que sesteja a l'hivern per agafar activitat fulgurant al cor de l'estiu.

Però ara presentem la Tossa d'abans, la vila intacta, amb costums de poble, inconscient del gran canvi que s'acostava, amb les seves minses possibilitats econòmiques, d'una manera de viure i una manca de recursos que no varen impedir que entrés a la història com la vila marinera més autèntica de la nostra Costa Brava.

Amb les fotografies que acompanyem, gaudireu de la seva antiguitat, i al carrer admirarem la seva modernitat.

TELM ZARAGOZA I RAIG
Alcalde
Tossa de Mar, abril del 1997

Introducció

Un matí brillant i serè del 1921, Ignasi Melé s'aixecà i des del balcó de la seva cambra veia ara les teulades rosses i vermelles de Tossa. El cel era net i transparent, semblava reflectir l'albada del temps enyorada i percebuda per l'estudiós. El metge de la vila cobejava d'antuvi una sòspita, perseguia el passat sota el silenci i la xardor de l'estiu en el paratge dels Ametllers.

Finalment, després de l'arduosa recerca el somni es féu realitat, s'esbrinava sota la terra un mosaic d'enorme bellesa i singularitat, que formava part d'una vila romana obra dels segles II i IV de la nostra era, juntament amb el nom del seu propietari: Salvo Vitale Felix Turissa. Seguidament, el temps es deturà i es viuen uns moments eterns irrepetibles: tan sols el patrici romà Vitale percep la naturalesa de l'instant i decideix emprendre un viatge al devenir de la vila en el transcurs dels anys. De cop i volta, però, amb ritme assossegat, el visitant romà s'infiltra en el llegat del passat i es trasllada a l'any 966, quan els marmessors del comte Miró de Barcelona redacten un document de donació de l'alou de Tossa al monestir de Ripoll.

En la llunyania se senten les campanes de l'església sonar subtilment, gairebé com un sospir enigmàtic; sota la llum espectral de la lluna, el poble sembla un espectacle irreal. Vitalis, ara, és arrossegat al 1187, quan l'abat de Ripoll decideix erigir el castell regulant les relacions de dependència amb Tossa al lloc dit Mont Guardí (Montis Guardini) i, alhora, dóna una sèrie de disposicions en què concedeix als habitants nadius la facultat de construir cases dins i fora del recinte fortificat. El visitant es deté un instant esguardant fixament les petites ones del mar, que una rere l'altra s'abaten contra la muralla de pedra grisa. Una gavina passa xisclant sobre la grandària de l'horitzó, la brisa marina duu impregnada la salabror del mar, mentre s'escolta el bramul de la Mediterrània.

Des d'una espitllera es divisa la flota francesa de Felip l'Ardit, que s'apropa lleugerament al cap de Tossa com una il·lusió òptica, fantasmagòrica, quan decideix assetjar-la l'any 1285. Com a municipi costaner,

La pesca, adés i ara, ha estat una activitat de resultats incerts arrelada a la tasca quotidiana de Tossa de Mar —els sistemes emprats en els anys seixanta es coneixen pel nom d'arts menors (soltes, nanses, batudes, rall, etc...). Totes són tècniques heretades per una generació rere l'altra. Val a dir que, avui dia, aquestes arts es troben en clar retrocés. (Desconegut-AMAT).

Mostra d'un dels carrerons típics i sinuosos de la vila, amb desnivells impensats, estrets i costeruts que, com un torrent, tenen l'epicentre a la platja Gran. El carrer Pont Vell és un exemple de via marinera on podem imaginar-nos un mariner assegut al marxapeu de la porta fent coves i nanses de vímet, sota la claror explosiva del sol i la sensació picant d'un airet que mulla la pell. (Desconegut-Nadal).

La plaça d'Espanya era antigament la plaça d'en Ballell, on es concentrava tota l'activitat lúdica, recreativa i comercial; estava presidida per un plàtan sota l'obac del qual hi havia una font secular. L'any 1950 «sa carraca d'en Maimí» feia el trajecte Tossa-Lloret dues vegades al dia. (Desconegut-Nadal).

Al fons, a la dreta, l'actual Casa de Cultura l'any 1932; el seu fundador fou «l'indiano» Tomàs Vidal i Rei, al segle XVIII, qui la llegà com a hospital; anys més tard es convertí en un col·legi de monges, concretament el de les Filles de Maria Auxiliadora. Actualment, després de les obres de rehabilitació, ha recuperat la funció social que promogué el seu artífex. (Lluís Vilalta-AMAT).

Al bell mig de la vila, l'any 1942 trobem el carrer del Socors, escenari comercial i cívic, on hi ha immobles que corresponen al catàleg d'edificis protegits per tal de garantir la supervivència del patrimoni arquitectònic; alguns tenen notable bellesa artística, com ara can Ferrer, avui sala d'art. (Desconegut-Nadal).

Durant la Guerra Civil espanyola i immediatament després, el fantasma de la misèria i la fam assolà la població. Les llibretes de racionament per anar a buscar aliments a can Niceto i a can Tià Dit no cobrien les necessitats més peremptòries; per tant, molts ajudaven a tirar l'art o sa solsera a canvi de rebre una retribució a la part segons la venda. (Zügel-AMAT).

Carretera de Llagostera, en la part de l'avinguda Costa Brava, via que parteix com un meridià l'ampla plana que dóna pas a la riera. Coberta de plàtans en el seu primer tram, la carretera es metamorfosava en un riu verd que caminava enllà fins a la carena farcida pels frondosos boscos de Terra Negra, que tant sofriren arran del cruent incendi de l'any 1950. (Desconegut-Nadal).

La visita de la neu no és connatural dels indrets costaners, però l'any 1962 succeí aquest event irrepetible, que palesà la imprevisibilitat d'una natura capriciosa que transformà amb màgica i estreta harmonia aquest bell paisatge. Triomfa, en aquesta vista, una diàfana claredat que afavoreix el perfil net de les coses immenses en l'aire fi i transparent de l'atmosfera mediterrània. (Desconegut-Nadal).

Enterrament, l'any 1927, que ens recorda el sentit tràgic de la vida. Testimoni de la pietat local, sota l'esguard mut de les muralles del Portal Gran de Vila Vella, que simulen donar el darrer comiat al difunt. El mort era acompanyat d'un reguitzell d'homes —amb atxes o brandons—, pagats segons les possibilitats econòmiques de la família. (Soler de Morell-AMAT).

Durant el segle XV, l'espectre de la pesta devastava la comarca i la gent moria sense remissió. Segons la llegenda, un pelegrí misteriós arribà a Tossa per advertir els vilatans que perquè l'epidèmia finís, havien d'anar, en acció de gràcies, a la capella més pròxima dedicada a sant Sebastià; des d'aleshores, cada 20 de gener es compleix el vot celebrant el pelegrinatge Tossa-Santa Coloma de Farners. (Desconegut-J. Soler).

L'endemà, el dia 21 de gener, el pare Pelegrí i els romeus fan el camí de retorn a Tossa. A Sils s'esmorza i es reprèn la marxa. Havent dinat, fan via cap a la rectoria de Santa Ceculina, on demanen permís d'entrada; allí, després de rebre'ls i donar-los acollida, resen i els ofereixen un refresc, que els romeus agraeixen tot deixant, abans de marxar, un grapat de pinyons torrats. (Desconegut-J. Soler).

Terra Negra, any 1962: actualment es pot dir que el pelegrinatge s'inicia en aquest indret on, reunits els romeus, el pare Pelegrí pren el bordó, se senya i, albirant el mar, resa, ensems que fa recomanacions als romeus i s'assegura, cridant-los tres vegades, que cap no resta reressagat. (Desconegut-J. Soler).

Colònia Turissa, any 1930, secció de nois del grup Mossèn Cinto Verdaguer de l'Ajuntament de Barcelona; les colònies van ser organitzades sota la direcció de Manuel Ainaud i el mestre Artur Martorell. Els infants feien jocs cooperatius, cants i vetlles, mentre descobrien experimentalment la natura heterogènia d'aquestes contrades. (Soler de Morell-AMAT).

Festa de la Santa Creu, 3 de maig de 1923. Aquest acte religiós s'ha traslladat al dia 1 de maig, en què arreu se celebra el Dia del Treballador. Antigament consistia en una processó des de l'església de Sant Vicenç fins a la Creu de dalt de Vila Vella; la mainada porta creus engalanades amb flors del castell, pètals de rosa, ginesta, margarides... al final, es ballen sardanes a la Plaça d'Armes. (Soler de Morell-AMAT).

L'Aplec de Sant Grau, el 13 d'octubre de 1916. Les cròniques narren que, trobant-se el Sant al nostre país, se sentí malalt de mort; camí d'Aurillac passà per les terres de l'abat de Ripoll i descansà on avui hi ha una ermita. Sant Grau s'aparegué als tossencs vestit de pelegrí i els demanà que construïssin allà un santuari; a canvi, els protegiria i els faria d'intemediari amb Déu. (Soler de Morell-AMAT).

L'Aplec de Sant Benet, l'any 1933. En l'antigor, la festa se celebrava tres cops l'any: el 21 de març, el dimarts de Pasqua de Ressurrecció i l'11 de juliol. Dins l'ermita s'hi cantaven uns goigs. Avui dia, la festivitat s'ha traslladat al segon diumenge de juliol, per tal de garantir-hi l'assistència dels fidels, malgrat el brogit que provoca l'estiu. (M. Vilà-AMAT).

Albert Lewin, l'any 1950, escollí Tossa de Mar per filmar els exteriors d'una pel·lícula que aconseguí fama mundial, Pandora i l'holandès errant, *protagonitzada per Ava Gardner, James Mason i Mario Cabré. Tossa —Esperanza en el film— acabà captant l'interès del turisme estranger, encuriosit per copsar-ne les escenes verges i pintoresques. (Desconegut-Nadal).*

Entre 1933-1935 començaren a venir estiuejants de ciutat, cridats pels paisatges ferèstecs i per gaudir dels banys de mar en un racó de món allunyat, però accessible amb vaixell. Així sortiren embarcacions del port de Barcelona com el Virgen de África, *el* María Mercedes *o el* Príncipe Alfonso, *que durant la Segona República passà a anomenar-se* Ciutat de Barcelona. *(Canal Farriols-AMAT).*

Un fred matí d'hivern del 1921, el doctor Melé descobrí les restes d'una antiga vila romana; ajudat per l'Institut d'Estudis Catalans i per arqueòlegs de prestigi, va donar a conèixer una troballa meravellosa i sorprenent, ja que la seva vàlua sense precedents aportà llum als orígens de Tossa. (Soler de Morell-AMAT).

El boom turístic pertorbà la innocència de la vila; cap als anys cinquanta, anglesos, suïsos, italians... es barrejaren amb la població autòctona en les pistes de ball de recent creació. Curiosa fou la trasformació que sofrí el magatzem de carbó en què les dones descarregaven les feixines de llenya dels boscos de Montllor, que es convertí en la sala de festes Sa Carbonera. (Desconegut-Nadal).

Passats els anys vint, Tossa de Mar es transforma en un municipi cosmopolita. Un grup important d'intel·lectuals que fugen de l'Alemanya nazi queden encisats per la lluminositat del poble i decideixen donar les seves obres al Museu de Tossa, el primer d'art contemporani d'Espanya amb obres de pintors de renom mundial: Olga Sacharoff, Marc Chagall, Georges Kars, Masson, Bataille, etc... (Desconegut-Nadal).

L'any 1917 l'estat de deteriorament del recinte emmurallat era evident i s'inicià la primera campanya de restauració. Les delicades ruïnes semblaven meditar l'infortuni dels temps, presidides per les torres majestàtiques: la d'en «Jonàs» dominant l'horitzó, la de «les hores» vetllant la porta de comunicació amb la moderna població, la de «l'Homenatge» rere la platja del Codolar. (Desconegut-AMAT).

Un carrer típic de terrassans i tapers era el de Pau Moreu l'any 1926. Dalt des Turó d'en Magí hi ha la «torre des Moros», construïda durant el regnat de Felip II (1527-1598), el qual per decret reial expedí que tota la costa havia d'estar curulla de torres de guarda. Des d'aquest punt podem guaitar la població, així com les valls per on s'estén el cel serè damunt del Mediterrani. (Desconegut-AMAT).

L'església parroquial de Sant Vicenç ha patit infortunis des que fou construïda al final del segle XVIII. L'any 1870, després de l'incendi del cor, es va repintar. Al costat de l'altar major (1926) hi havia els del Sagrat Cor i de la Mare de Déu de Montserrat. Durant la Guerra Civil la nau central serví de magatzem per on entraven vehicles. Imatges i talles foren cremades a la platja. (Soler de Morell-AMAT).

El 29 de juny, dia de sant Pere Pescador, se celebra la Festa Major. Com veiem en la fotografia del 1929, es feien tres processons per mar: un dia en honor a sant Pere, el següent pel copatró de la vila, sant Raimon de Penyafort i el darrer per sant Telm. El 2 de juliol, per la Mare de Déu del Socors, en l'acte de clausura, tossencs i forans ballen «ses Nou Sardanes» o «Toquen a córrer». (Soler de Morell-AMAT).

La processó de l'Assumpta, 15 d'agost de 1928. Els costums i tradicions de Tossa arriben a desconcertar-nos, ja que estan colpits d'encant natural i remembrances llegendàries que el devenir no ha esborrat malgrat l'indefugible pas dels anys. Així, avui dia són diverses les frases populars que rememoren la diada: «Mare de Déu jeguda, mariner dret». (Soler de Morell-AMAT).

Mossèn Josep Soler de Morell nasqué a Olot i anys més tard s'establí a Tossa com a organista de la parròquia. Féu per al municipi una labor de cronista d'excepció, ja que recollia tots aquells elements que li semblaven dignes d'estudi. Gràcies a la seva obra pictòrica i cultural, podem contrastar el caràcter definitori de la vila a principi de segle. (Soler de Morell-AMAT).

El salaó va obtenir una expansió enorme al segle XVI, ja que movia un volum destacable de mercaderies i capital. A principi del XX, els vaixells carregats de sal venien de Torrelavella i descarregaven als magatzems de salins del passeig del Mar. Aquesta indústria requeria la tasca de la dona pel que fa a la conservació de peix blau: arengades, sardines, anxoves... (J. Barber-J. Soler).

Els gremis artesanals desapareixerien amb la revolució industrial, i deixarien relegades a l'oblit aquelles activitats més entranyables. El suro començà a comercialitzar-se en brut a la primera meitat del s. XVIII, però fins a 1739 no va començar a manufacturar-se. Aquesta indústria és de les que ha tingut més ressò en l'economia de la vila, que l'any 1842 comptava amb 10 fàbriques sureres. (Desconegut-AMAT).

Aquest és l'aspecte del passeig del Mar l'any 1913, quan s'ajuntava l'olor de l'alquímia dels magatzems de salaó i les fàbriques de suro. Avui dia les terrasses ofereixen un espectacle inèdit d'intercanvi de llengües en què el poliglota frueix escoltant; mentre pren un refresc, les eternes muralles el contemplen amb un sentit protector i desafiant alhora. (Desconegut-Nadal).

Pescadors recollint sa trenyina. Abans del turisme existien a Tossa diversos oficis avui dia desapareguts en un indret de la memòria: mestres d'aixa i calafats. Ara com ara, s'ha perdut la idiosincràsia dels pescadors i llur parla, el salat: mots i motius s'acaben extingint en finar aquesta activitat. (Desconegut-Nadal).

L'economia tossenca després de la Guerra Civil fou de subsistència. La vida del terrassà cobra de nou rellevància i es recupera la producció de la vinya que en 1880 encetà Jaume Esteve-Llach; bona mostra d'aquesta activitat són les tasques en els horts de can Font al «Camp de les Veles», on es recollia un raïm que es convertia en un vi molt gustós i apreciat per tota la comarca. (Desconegut-AMAT).

L'ombra mística dels carrers estrets ens acompanya en la pujada envers la joiosa recerca de la platja des Codolar, el port on antigament es penjaven embarcacions als penya-segats, al fris de les muralles, fet que s'ha fet cèlebre al llarg de la història. (Desconegut-Nadal).

Ca's Cremat era un casalot situat prop de mar, adossat a sa muralla a tocar es Racó: fou primer una casa particular, on al segle XIX hi havia salins als baixos; després la llogà Joan Bocanegra i complí la funció de taverna, on els pescadors es prenien un cremat arran d'aigua mentre les cantadores ballaven a so de gramòfon. (Desconegut-Nadal).

La mar Menuda davant la platja de sa Palma: és un racó entranyable i acollidor, que al capvespre invita a la concentració, a la meditació, al silenci fecund. La remor del mar destaca sobre la brisa que mou les fulles, que aletegen obeint l'impuls del vent que passa. Segons conten uns goigs, sant Raimon de Penyafort el 1236 s'aturà en aquest lloc per confessar un moribund. (Desconegut-Nadal).

L'any 1925 una balena va encallar a la badia de Tossa; els vells expliquen que un carrabiner la va haver de matar d'un tret perquè no sofrís. En aquella època fou tot un esdeveniment, tothom es volcà a la platja per contemplar l'espècimen. (Desconegut-Nadal).

Un dels encants de Tossa abans dels seixanta eren els horts dels voltants de mar, summament especials, ja que oferien els trets típics de la vida al camp a poques passes de la platja. En la fotografia podem observar l'Hort d'en Bou a primer terme i al rerefons els 20 hortets de can Madrenys, abans de l'enderroc de la Pedrera «d'en Bruno», avui dia Hotel Don Juan. (Desconegut-AMAT).

Aspecte que oferien les xarxes esteses a secar, l'any 1941, damunt la sorra granelluda. Actualment les aportacions de diverses generacions han bastit aquest indret amb notables construccions: casals, places i carrers de diversa mena conformen l'aspecte civil de Tossa. (Desconegut-Nadal).

L'any 1947 un fort temporal devastà la població i provocà desperfectes i calamitats: la mar tombava l'illa i el passeig del Mar, la riera es va desbordar i l'aigua va inundar el carrer del Socors i el del Portal. En ser l'últim dia de la Festa Major d'hivern, sant Vicenç, els músics de l'Orquestra la Selvatana van haver-se de quedar fins que la tempesta amainés. (Desconegut-J. Soler).

Reconstrucció parcial de la «Torre des Codolar», en realitat anomenada «de l'Homenatge», ja que, en els ancestres, el governador feia jurament de guarda i fidelitat als seus súbdits i, a canvi de la seva obediència, els protegia de l'enemic. Diversos estudis assenyalen que la torre fou construïda durant el temps feudal, al segle XII, i que centúries més tard, al segle XIV, tornà a ser remodelada. (Desconegut-AMAT).

L'orquestra Montllor fou obra de Narcís Darder, qui durant els anys trenta inicià una tasca molt important com a professor de música; motivà molts joves del poble i va possibilitar la creació de l'orquestra Mont Llor Jazz. Malauradament, la guerra n'estroncà la continuïtat. (Desconegut-Nadal).

L'any 1942, durant la postguerra, els tossencs amants de la música —deixebles de Narcís Darder— van crear la Cobla Orquestra Turissa, els components de la qual actuaren amb enorme èxit arreu de Catalunya fins al moment de la seva dissolució, l'any 1957. (Desconegut-Nadal).

La venda de peix , estiu del 1978, es realitzava a la peixateria, en una cantonada del carrer Socors. Els pescadors arribaven amb un cove curull de fauna marina, bellugadissa i viva, i començaven el cant: cent, noranta-nou, noranta-vuit..., mentre els compradors estimaven a cop d'ull la quantitat de peix i la seva qualitat. (J. Armengol-AMAT).

Aquesta és la imatge que presentava l'equip de futbol de Tossa l'any 1929. El camp estava situat al Bon Retir, frec a frec amb el bosc exultant. Si una pilota sortia fora del recinte calia penetrar al cor de la «Selva», boscatge endins, obrint-se pas entre els esbarzers, fins a viaranys on la vegetació era tant luxuriant que la llum del sol hi arribava d'esquitllentes. (Desconegut-AMAT).

El 8 d'abril de 1956 sorgí la idea de fer un homenatge a la gent gran del poble, la «Festa dels vells». L'instigador fou mossèn Palahí, amb la col·laboració de la Caixa de Pensions. Des d'aleshores, mai no ha deixat de celebrar-se i s'hi han incorporat nous elements: actualment es fa un dinar i una ballada de sardanes. (Desconegut-AMAT).

A la darreria del segle XIX, la indústria del suro i del salaó feren augmentar el nivell de vida dels vilatans, que comptavem amb més hores d'oci i diversió; amb aquest tarannà es crearen el casino Miramar i l'Ateneu, on es feien tertúlies, jocs, balls i conferències durant les fredes tardes d'hivern, quan bufava la tramuntana i la humitat penetrava els ossos. (Soler de Morell-AMAT).

L'escola de la postguerra era força precària. Els nois anaven amb el grup del senyor Salvi en un local als baixos de l'Ajuntament; les noies anaven amb «Donya Pepita», sobre del cafè d'en Biel; malgrat les penúries econòmiques, ni els vailets més petits quedaven desassistits, ja que podien anar a costura de caganers, que la Paquita Boleio tenia prop de la capella del Socors. (Desconegut-Nadal).

Altar barroc de Sant Miquel, construït l'any 1785; si bé la capella és menuda, està carregada d'història i fou testimoni de moments decisius de la vila, com quan el seu precursor, Tomàs Vidal i Rei, tornà d'un viatge d'ultramar realitzat a les Amèriques i fundà l'Hospital dels Pobres. (Soler de Morell-AMAT).

L'any 1923 el passeig del Mar, indret solitari, semblava haver pactat amb la quietud, la qual cosa significava una benedicció per als partidaris de la calma. Mentre l'adorable oreig del mar refrescava un xic els ardorosos matins, les dones rentaven a la riera amb banques i picadors de fusta. (Desconegut-Nadal).

Recolzada en abruptes penya-segats, la Vila Vella s'enlaira al fons i ens apropa al món medieval, quan hi havia un castlà, que guardava el castell en l'absència del senyor, i dos batlles: un tenia cura de l'administració de justícia, i l'altre era el batlle del sac. Ara que contemplem el mateix escenari, l'escuma del mar i els vaixells que el solquen ens acosten a temps hel·lènics. (Desconegut-Nadal).

Aquest llibre sobre

TOSSA DE MAR

de la col·lecció Imatges i Records

fou acabat de relligar

als tallers de Balmes a Barcelona

el mes d'abril de 1997.